Mi zoológico de mascotas

Escrito por Janie Spaht Gill, Ph.D.
Ilustrado por Bob Reese

Dominie Press, Inc.

"Una mascota quiero escoger.

¿Cuál de éstas podrá ser?".

"Yo voy a barrer", dijo la oveja Ester.

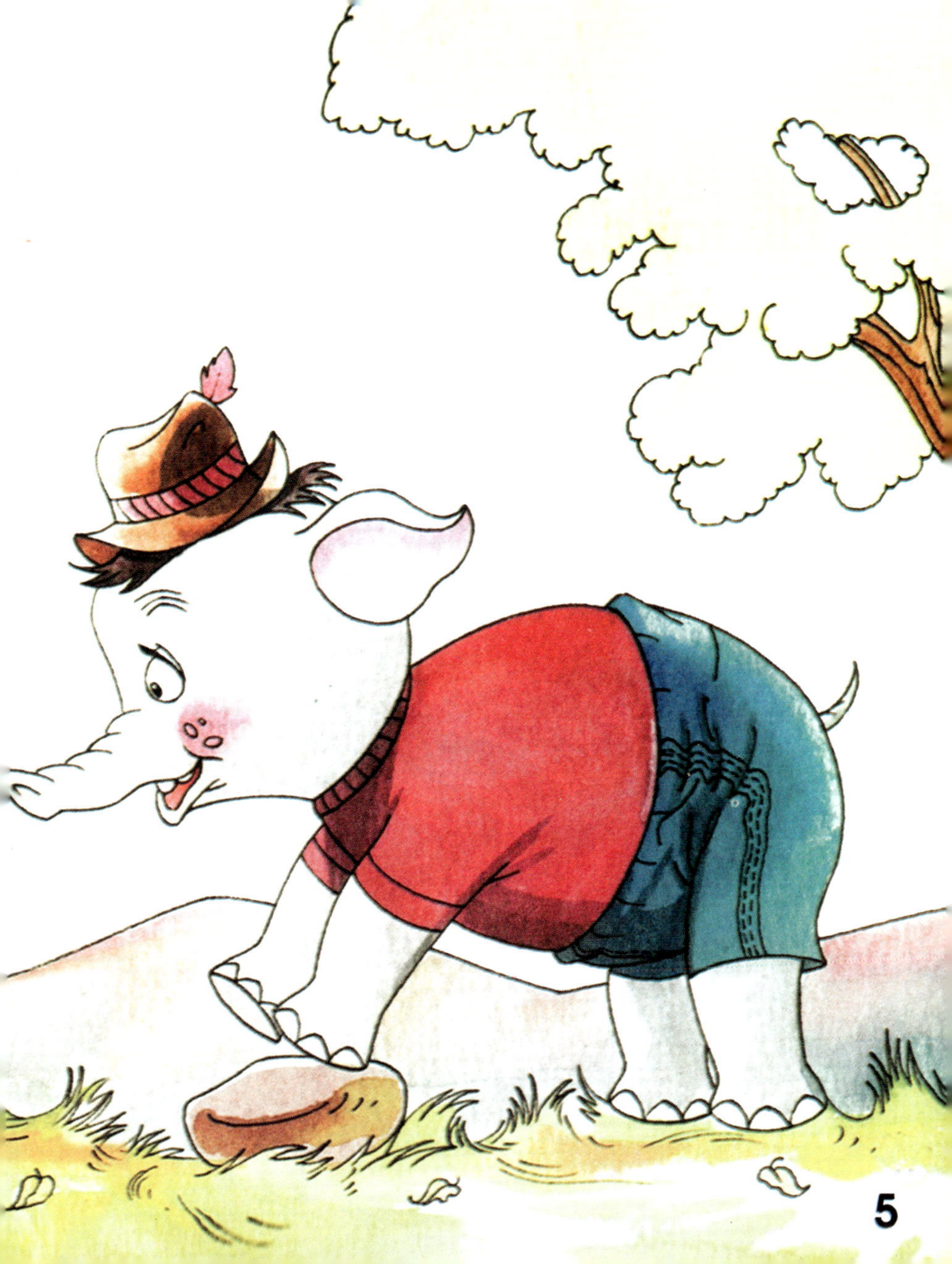

"Yo voy a rastrillar",
dijo la culebra Omar.

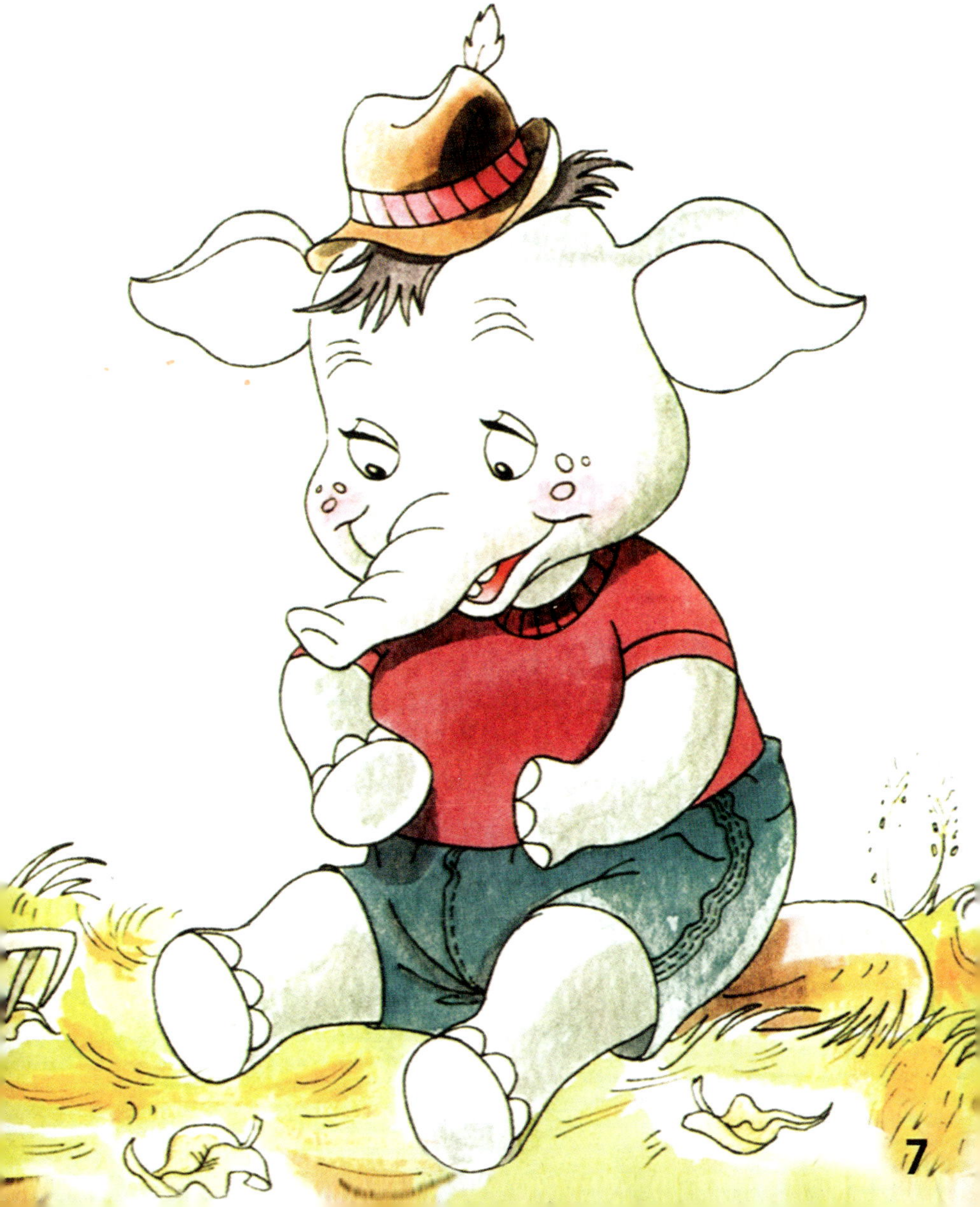

"Yo voy a boxear",
dijo el zorro Lamar.

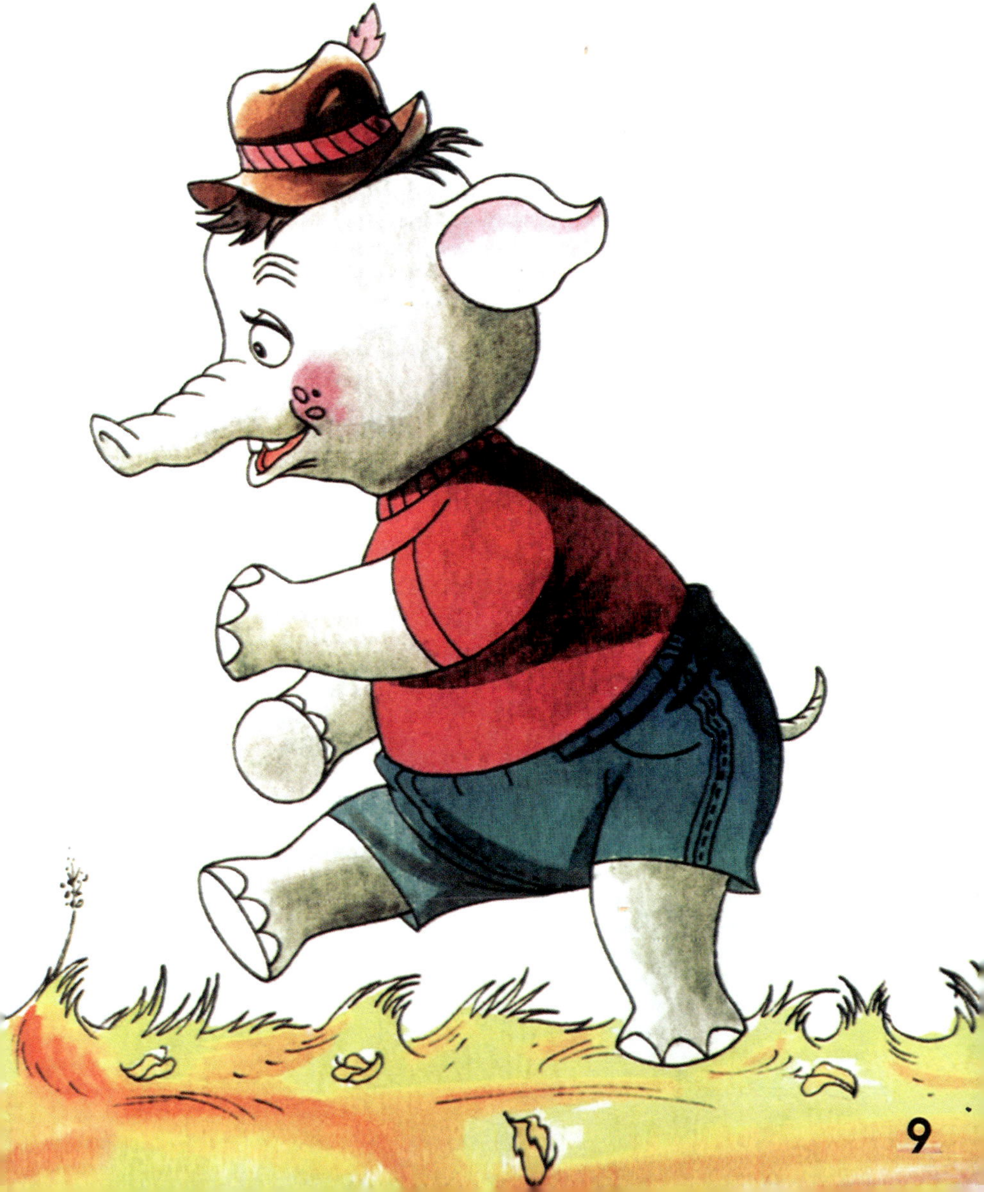

"Yo voy a reír", dijo la jirafa Mir.

11

"Yo voy a masticar",
dijo el canguro Agar.

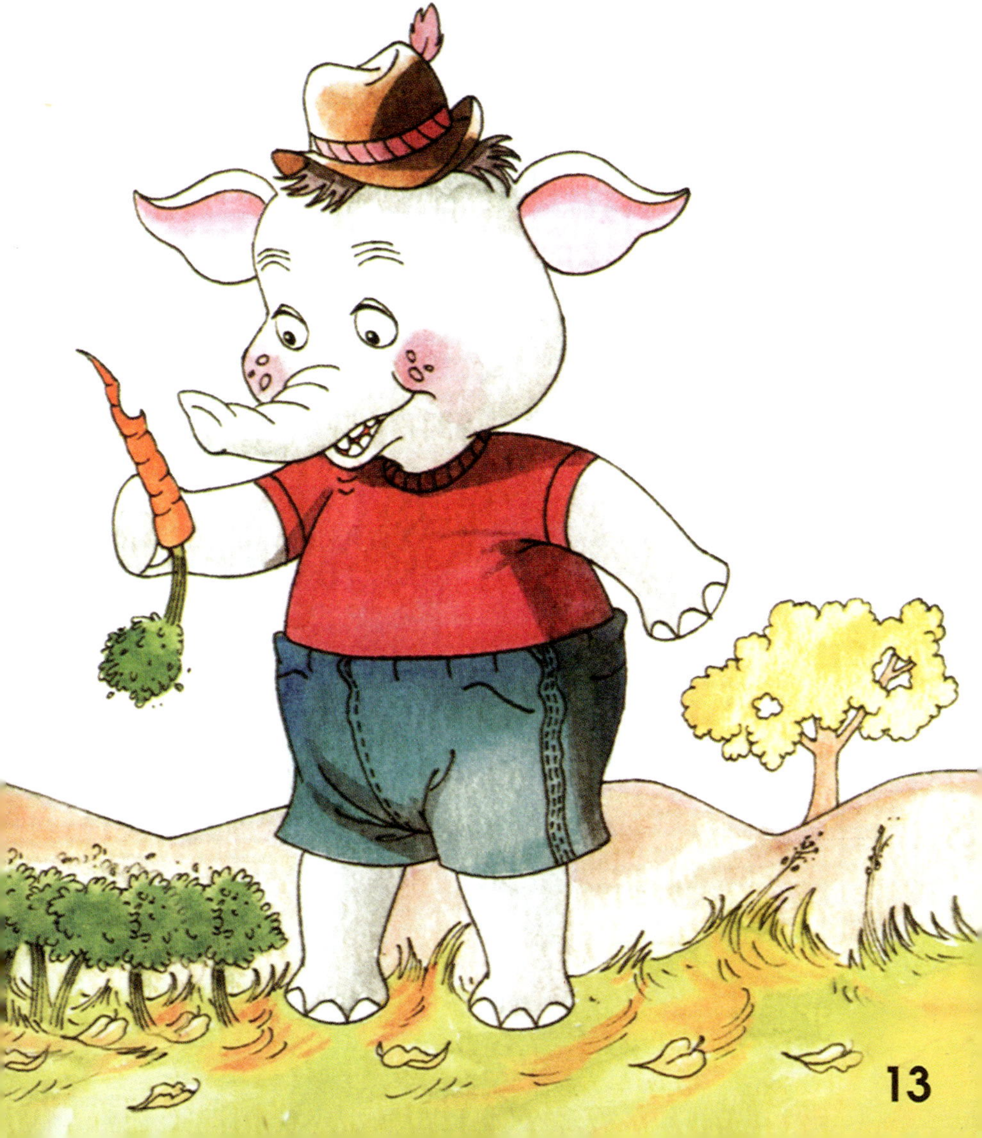

"Yo me voy a arrodillar",
dijo la foca del mar.

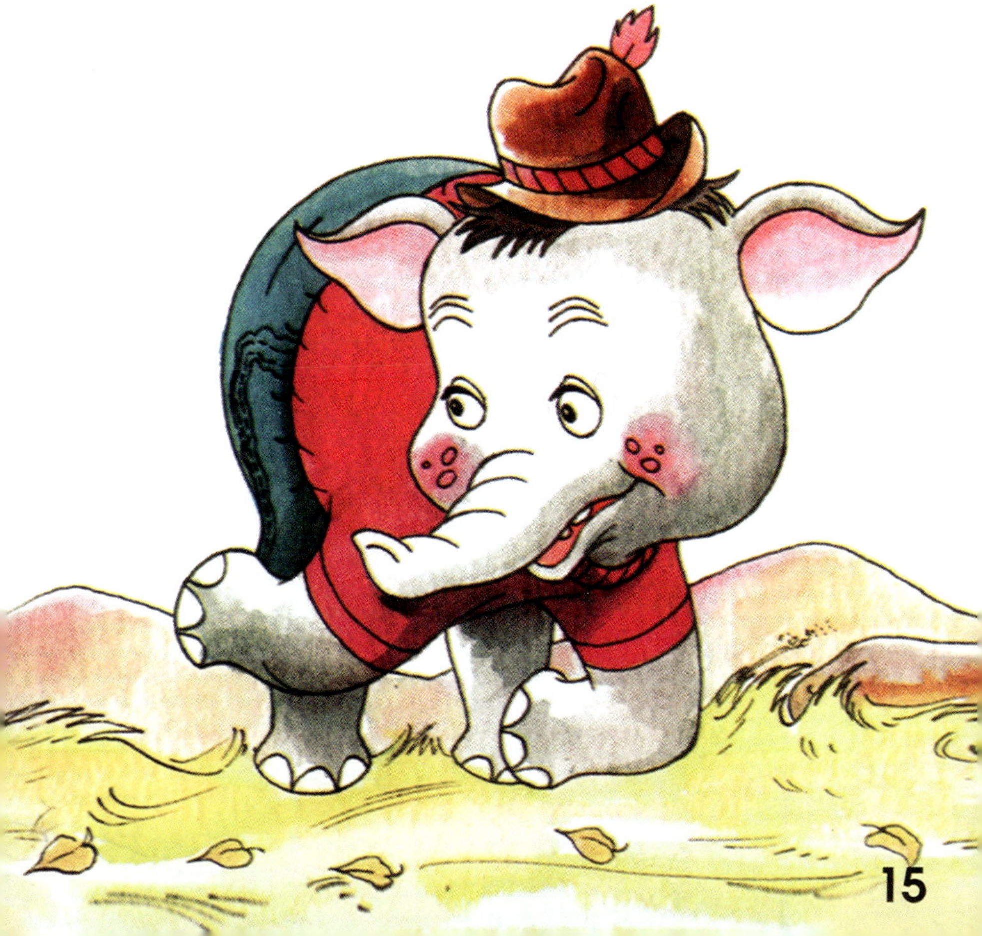

"Yo voy a vitorear",
dijo el ciervo al bailar.

17

"Ay, ay, ¿cuál debo escoger?"

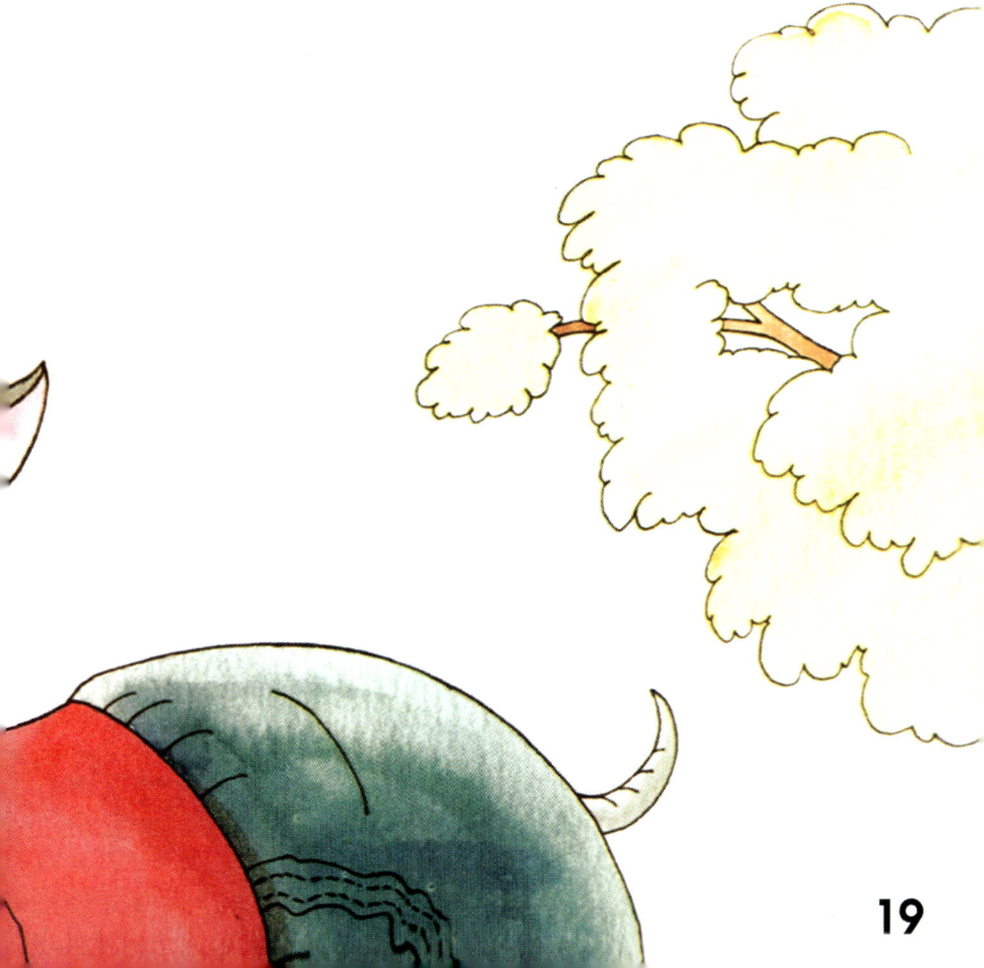

"Voy a aceptarlos a todos

y un zoológico voy a hacer".

Actividades de extensión del currículo

Mi zoológico de mascotas

- Haga un recuento de la historia por medio de la dramatización. Los niños podrían dibujar caras de animales en papel construcción, recortarlos, y después pegarlos a una etiqueta de cartón. Los niños podrían traer objetos de la casa para representar cosas que usan los animales en el libro, o podrían dibujarlos en hojas de papel construcción.

- Haga un mural del zoológico. Pinte o dibuje jaulas, árboles, agua, cuevas, etc. Los niños entonces pueden dibujar los animales en su hábitat apropiado.

- Pida a los niños que dibujen y recorten su animal favorito en la historia. Debajo de cada dibujo, pida que escriban el nombre del animal. Ordene los animales en una gráfica, primero de los más livianos a los más pesados, y después en orden alfabético.

- Si es posible, lleve a los niños en un paseo al zoológico. Si no se puede hacer un paseo al zoológico, muéstreles un video acerca del zoológico, o invite a alguien que se ocupe del cuidado de animales a hablar con la clase.

Acerca de la Autora

La Dra. Janie Spaht Gill aporta a la escritura de sus libros para niños, veinticinco años de experiencia como maestra. Durante su carrera hasta el momento, ha sido maestra en todos los niveles, desde kínder hasta la universidad. Janie Gill tiene un doctorado en educación de lectura, con especialización secundaria en escritura creativa. Actualmente reside en Lafayette, Louisiana, con su esposo, Richard. Sus temas frescos y humorosos son inspirados por cosas que dicen los estudiantes en sus lecciones. Gill fue nombrada Maestra del Año en Educación Primaria de Louisiana 1999–2000, por su sobresaliente labor en la educación de los niños del estado.

Director General: Raymond Yuen
Consultora Editorial: Adria F. Klein
Editor Ejecutivo: Carlos A. Byfield
Diseñadora: Natalie Chupil
Ilustrador: Bob Reese

© Dominie Press, Inc. 2003. Derechos reservados. La reproducción o transmisión total o parcial de esta obra, sea por medio electrónico, mecánico, fotocopia, cinta magnetofónica u otro sin el consentimiento expreso de los propietarios del copyright está prohibida al amparo de la legislación de derechos de autor.

Publicado por:

Dominie Press, Inc.

(800) 232-4570

Cubierta de cartón ISBN 0-7685-2893-3

10   17

Printed in Mexico